懐かしい
国鉄駅舎と
鉄道風景

（都区内区間）

【東海道線、中央線、山手線】

牧野和人

JN068982

.....Contents

第1章 東海道線·······························5
東京、有楽町、新橋、浜松町、田町、
高輪ゲートウェイ、品川、大井町、大森、
蒲田、西大井

第2章 中央線·······························59
神田、御茶ノ水、水道橋、飯田橋、市ケ谷、
四ツ谷、信濃町、千駄ケ谷、代々木、新宿、
大久保、東中野、中野、高円寺、阿佐ケ谷、
荻窪、西荻窪

第3章 山手線 ···········125
大崎、五反田、目黒、恵比寿、渋谷、原宿

◎浜松町　1970年頃　撮影：小泉 喬（RGG）

東海道本線・山手線の線路と海岸通りに挟まれる形で、広大な用地を有していた国鉄の汐留貨物駅。そのルーツは初代の新橋駅で、初期には東京馬車鉄道の車庫が存在したこともあった。烏森駅が二代目新橋駅になった後は旅客駅の地位を明け渡して、貨物駅に特化することとなる。1959（昭和34）年には、汐留〜梅田（大阪）間を結ぶコンテナ特急「たから」が運行され、その発着駅と

第1章
東海道線

◎東海道線80系　有楽町　1971（昭和46）年　撮影：長渡 朗

東海道新幹線、横須賀線、東海道本線、京浜東北線、山手線、中央本線の列車が発着する東京駅の風景である。この後、横須賀線と総武本線が地下で結ばれることで、横須賀線の列車は地上では見られなくなる。この写真では、左手に丸の内側の赤レンガ駅舎が見え、間もなく東京駅前から姿を消すことになる都電の車両もあった。一方でこの後、東京駅には東北・上越新幹線のホームが増設され、新しい風景が生まれる。◎1967 (昭和42) 年　撮影：朝日新聞社

7

1987（昭和62）年４月１日、日本国有鉄道は分割・民営化され、地域ごとの旅客鉄道６社と全国規模の貨物鉄道１社が発足して、103系は東日本、東海、西日本。九州の４社に継承された。京浜東北・根岸線の103系は1998（平成10）年まで運用された。
◎京浜東北線　大井町〜大森　1987（昭和62）年　撮影：松本正敏（RGG）

国鉄民営化後に京浜東北線へ投入された205系。後継車両となった901系、209系が主に当路線へ新製投入されたために、都内でスカイブルーの帯を巻いて活躍する姿を見ることができた期間は、思いのほか短かった。
◎京浜東北線　大井町〜大森　1990（平成2）年12月28日　撮影：森嶋孝司（RGG）

901系が投入された翌年から量産車である209系が運用を開始した。新系列車両の開発に当たり、重量、価格、寿命をいずれも半分にすることが目標として掲げられた。京浜東北線のイメージカラーであるスカイブルーは車体正面、側面の帯に継承された。
◎京浜東北線　蒲田〜川崎　1998（平成10）年6月4日　撮影：宮崎真二（RGG）

1998（平成10）年に登場した209系500番台車は、主要な投入先であった中央・総武緩行線の他、京浜東北・根岸線にも専用車が
用意された。車体には従来のイメージカラーと同じ色の帯を巻いた。当番台車では全ての車両が四扉車となった。
◎京浜東北線　品川～田町　2007（平成19）年12月30日　撮影：米村博行（RGG）

車窓に新橋界隈のビル街を見て東京駅を目指す80系。東海道線と山手線、東海道新幹線、一般自動車道の東京高速道路が並行する。
周辺は都内随一のオフィス街、繁華街だが一方通行二車線の道路を行く自動車はまばらで整然とした雰囲気が漂っていた。
◎東海道線　新橋〜東京　1973（昭和48）年7月20日　撮影：荒川好夫（RGG）

東海道新幹線の開業に伴い、東京駅を発着する東海道本線の優等列車は著しく減少した。しかし、観光地の熱海、伊豆方面へ向かう特急、急行は健在だった。急行「伊豆」は伊豆急下田行きと修善寺行きを併結した堂々の長編成だった。湘南色の153系で運転された。◎東海道線　川崎〜品川　1977(昭和52)年　撮影：河野 豊(RGG)

正式には東北本線と東海道本線に属する京浜東北線。東海道線の品川以西では複々線となる。東海道線の列車が途中の停車駅が多いスカイブルーの電車と並走し、追い抜く様子が見られることもしばしばだ。113系と103系の共演は昭和末期の情景。
◎東海道線　品川〜川崎　1987（昭和62）年6月1日　撮影：高木英二（RGG）

20年以上に亘って製造されてきた既存近郊型電車の後継車両として1985（昭和60）年に登場した211系。先行して姿を現した次世代通勤型電車の205系と同様な軽量ステンレス製車体が国鉄の電車としては斬新だった。旧国鉄民営化以降も引き続き製造された。◎東海道線　川崎～品川　1987（昭和62）年4月5日　撮影：松本正敏（RGG）

白昼の新橋駅で顔を合わせた横須賀線の上下列車。横須賀線の列車が東京〜大船間で東海道線の旅客線に乗り入れていた頃、スカ色の電車が東京駅の東海道線ホームに発着していた。1980（昭和55）年10月1日にSM分離（東海道線において、横須賀直通列車の別線化による系統別の路線分離）が開始され、横須賀線の列車は東京〜品川間に新設された地下区間を通るようになった。
◎横須賀線　新橋　1976（昭和51）年　撮影：荒川好夫（RGG）

地下区間の東京トンネルを抜けて品川付近で地上に顔を出した横須賀線の快速列車。113系1000番台車は横須賀線・総武快速線
を直通運転するために開発された、地下区間乗り入れ対応車両。各所に難燃性の部品が用いられている。主制御機器は保守整備
の簡略化を図った、メンテナンスフリーのものを採用した。◎横須賀線　新橋〜品川　1976（昭和51）年　撮影：荒川好夫（RGG）

復元工事前の東京駅丸の内駅舎。1914（大正3）年竣工の建物は、中央部と左右に優美な曲線を湛えるドーム形状の屋根を備えていたが、第二次世界大戦後期の東京大空襲で被災した。後に屋根部分は台形状に修復された。またドームの内部はイタリア　ローマのパルテノン神殿を彷彿とさせる様式に建て替えられた。◎東京　1970年代後半　撮影：荒川好夫（RGG）

丸の内、八重洲の東西両側に都電が
走っていた頃の東京駅。丸の内側には
丸ビル、海上ビル、郵船ビル、東京中
央郵便局など戦前から残るビルディン
グが並んでいる。一方、八重洲側には
国鉄の東京鉄道管理局があり、大丸百
貨店東京店が進出してきた。

1955年
（昭和30年）

現在の東京駅

東京駅の八重洲口には第二次世界大戦後の1948（昭和23）年に新駅舎が竣工した。しかし、翌年に失火が原因となり焼失。5年後の鉄道記念日に新たなビルが鉄道会館として竣工した。建物内には百貨店大丸が出店し、列車内で楽しむ弁当や総菜類を取り揃え、今日まで旅客層に人気を博している。◎東京　1978（昭和53）年頃　撮影：大道政之（RGG）

現在の東京駅

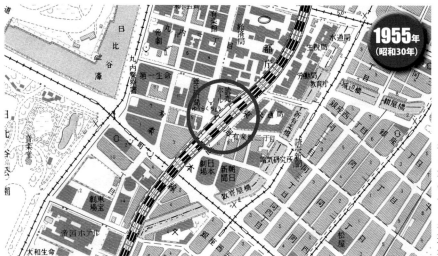

名作「君の名は」で全国的に知られるようになった、数寄屋橋が残っていた頃の有楽町駅付近の地図である。駅周辺も有楽町そごう（読売会館）のCMソング「有楽町で逢いましょう」で有名になる。この頃には都庁、交通局などの部局があり、日本劇場（日劇）も健在だった。

国鉄（現・JR東日本）駅で繁華街銀座への最寄り駅である有楽町。中央口の上を東海道新幹線が通る。乗降ホームがある山手線と京浜東北線、東海道本線は構内で新幹線と並行する。駅の東南方にある銀座口から晴海通りへ出ると、老舗百貨店等が建つ銀在4丁目付近まで歩いて行ける。
◎有楽町　1983（昭和58）年2月27日
撮影：森嶋孝司（RGG）

現在の有楽町駅

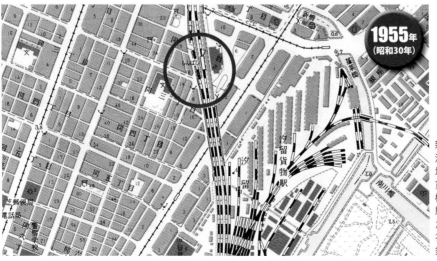

1955年
(昭和30年)

新橋、蓬莱橋が架かる汐留川が流れていた頃の新橋駅周辺の地図である。この南西には汐留貨物駅が広がっていた。この新橋駅は二代目であり、初代新橋駅は汐留駅に名称を変更していた。駅の西側に見える鳥居（神社）は、いまも飲食店街の中に鎮座している烏森神社である。

始発駅東京から東海道線で次の駅となる新橋駅。現在の新橋を名乗る駅は2代目で、1909（明治42）年12月16日に鉄道院の烏森（からすもり）駅として開業した。後の東京駅開業に伴い、1914（大正3）年12月20日に新橋駅と改称した。同時に初代新橋駅は汐留駅と改称した。
◎新橋　1985（昭和60）年11月10日
撮影：松本正敏（RGG）

現在の新橋駅

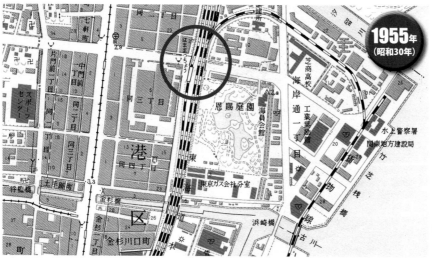

1955年
（昭和30年）

浜松町駅の東側には、旧芝離宮恩賜庭園が広がり、その先には竹芝桟橋、水上警察署がある。この頃、海岸通1丁目には貨物線が走っていたが、現在は同じルートの新交通ゆりかもめが開通している。浜松町駅から羽田空港方面に向かう東京モノレールはまだ開業していない。

浜離宮や東海道新幹線等の眺めを、上層階の展望室から楽しむことができる世界貿易センタービルが向かい側にそびえ建つ浜松町駅の北口。壁面は煉瓦調の洒落た設えだ。東海道新幹線、東海道線、山手線、京浜東北線が並ぶ線路の最も西側を走る電車は、大宮方面へ向かう京浜東北線だ。
◎浜松町　1985（昭和60）年11月10日
撮影：松本正敏（RGG）

現在の浜松町駅

東海道（第一京浜）を走る都電は、札ノ辻で三田方面に向かう路線と分かれていた。地図の北側には慶応義塾大学の三田キャンパスが見える。現在は港区三田1〜5丁目になっている駅北西一帯には、「通新町」「同朋町」「功運町」といった古い地名が残っていた。

田町駅
TAMACHI STATION

1955年
（昭和30年）

都営地下鉄浅草線、三田線との乗り換え口となる田町駅の西口。浅草線は駅の正面を横切る第1京浜道路の直下を通る。駅構内の南側を東海道新幹線、東海道線が通り、その上を東西自由通路が跨ぐ。自由通路は1971（昭和46）年に開通した。
◎田町　1985（昭和60）年11月10日　撮影：松本正敏

現在の田町駅

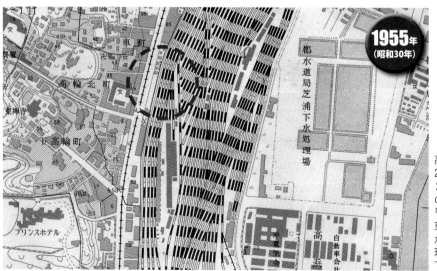

1955年
（昭和30年）

高輪ゲートウェイ駅はこの後、2020（令和2）年3月、港区港南2丁目に暫定開業する。この駅の西側には、東禅寺などがある「高輪」の台地が広がっている。東禅寺は幕末にイギリス公使館が置かれていた臨済宗の古刹で、現在はこの南側の地下を都営地下鉄三田線が走っている。

2020（令和2）年3月に暫定開業した高
輪ゲートウェイ駅。山手線では、西日暮
里駅以来の新駅である。駅の所在地は
港区港南2丁目で、「高輪」の地名は駅
の西側に広がっている。「ゲートウェイ」
の名称は、江戸の街の玄関口「高輪大木
戸」が置かれていたことによる。

現在の高輪ゲートウェイ駅

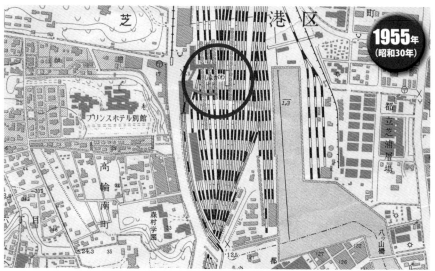

品川駅の西側には、プリンスホテル別館（現・品川プリンスホテル）があり、南西には森村学園が見える。この森村学園は長く品川にキャンパスを構えていたが、現在は横浜市緑区長津田に移転している。駅の東側には貨物ヤードがあり、大きな掘割も存在していた。

国道15号、第一京浜道路に面した品川
駅。街道時代から名高い旅の拠点らし
く、道路を隔てて高層ホテル群がそびえ
る。都市における主要駅の施設として
は手狭な駅前広場にはタクシーが列を
なしていた。画面右手には京浜急行京
急本線の駅構内が見える。
◎品川　1985（昭和60）年11月15日
撮影：松本正敏（RGG）

現在の品川駅

現在のようなアトレ品川（JR品川イーストビル）に変わる前の品川駅港南口の風景である。アトレ品川は、2004（平成16）年３月に開業するが、巨大化する品川駅に合わせるように、この港南口周辺も大きく発展。現在は品川グランドコモンズや品川インターシティ、ソニーシティ（ソニー本社）などが誕生している。◎撮影：山田虎雄

現在の品川駅

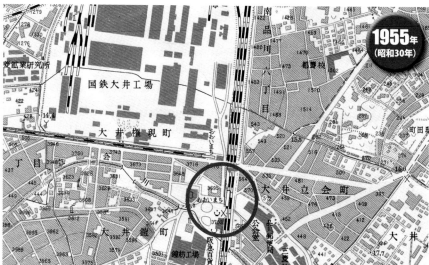

北側で東急大井町線の大井町
駅と連絡している、東海道線の
大井町駅である。駅の開業は
1914（大正3）年12月で、現在
は京浜東北線の電車のみが停
車する。駅の北側には国鉄の大
井工場（現・JR東日本東京総合
車両センター）が存在している。

大きな切妻屋根を備えていた大井町の
中央口旧駅舎。1914（大正3）年に開業
した当時の建物だった。出入り口付近
に売店。軒下にはコインロッカーを設
置していた。1993（平成5）年に駅ビル
「アトレ大井町」が竣工。同時に東西自
由通路の供与が始まった。
◎大井町　1987（昭和62）年2月10日
撮影：森嶋孝司（RGG）

現在の大井町駅

東側で池上通りと交わる都道に面した大井町駅の西口。東急電鉄大井町線の起点駅への出入り口を兼ねた施設である。駅舎内の柱に2種類の駅名表示が掛かる。現在は駅前を横切る都道の直下を東京高速臨海鉄道りんかい線が通る。同路線にも大井町駅が設置されている。◎大井町　1987（昭和62）年2月10日　撮影：森嶋孝司（RGG）

現在の大井町駅

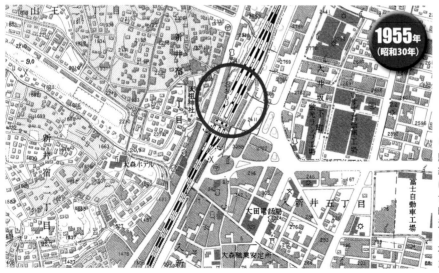

「大森貝塚」で有名なこの大森駅周辺には、この頃も戦前から続く大森ホテルがあった。さらにさかのぼれば、駅の西側の高台には八景園（遊園地）、大森射的場などがあり、東側には海水浴場も存在した。東京市大森区（現・大田区）が誕生する前は、荏原郡の入新井町、新井宿村だった。

1876（明治9）年6月に開業した大森駅は当初、海側の東口だけであった。山王口（現在の西口）が開かれるのは、1913（大正2）年2月である。この西口側には池上通りが通っており、西側の高台には天祖神社が鎮座している。このあたりにはかつて、望翠楼ホテル、大森ホテルが存在し、文化人や外国人の宿泊客も多かった。◎撮影：荻原二郎

現在の大森駅

現在の大森駅

大森駅の東側にはかつて、京浜電気鉄道（京急）の大森支線が通っており、大森（停車場前）駅が存在したが、大森支線は1937（昭和12）年3月に廃止される。この大森駅の東口駅舎は1982（昭和57）年7月から改築が始まり、1984（昭和59）年7月に新しい駅舎に変わる。この年に誕生した駅ビル「大森プリモ」は現在、「アトレ大森」になっている。◎撮影：荻原二郎

京浜東北線で東京都区内の最西端部に位置する蒲田駅。西口に建つ駅ビル「サンカマタ」は1970年の開業。当駅には国鉄（現・JR東日本）の他、東急電鉄の池上線、目蒲線（現・東急多摩川線）が乗り入れる。
◎蒲田　1987（昭和62）年2月15日　撮影：松本正敏（RGG）

都内におけるJR最南端の駅となるのがこの蒲田駅で、西側には東急の蒲田駅が見える。地図外ではあるが、東側には京浜急行の蒲田駅も存在している。蒲田といえば松竹蒲田撮影所が有名だが、既に戦前に大船に移転している。中央下に見える黒沢工場は、戦前からの名門工場である。

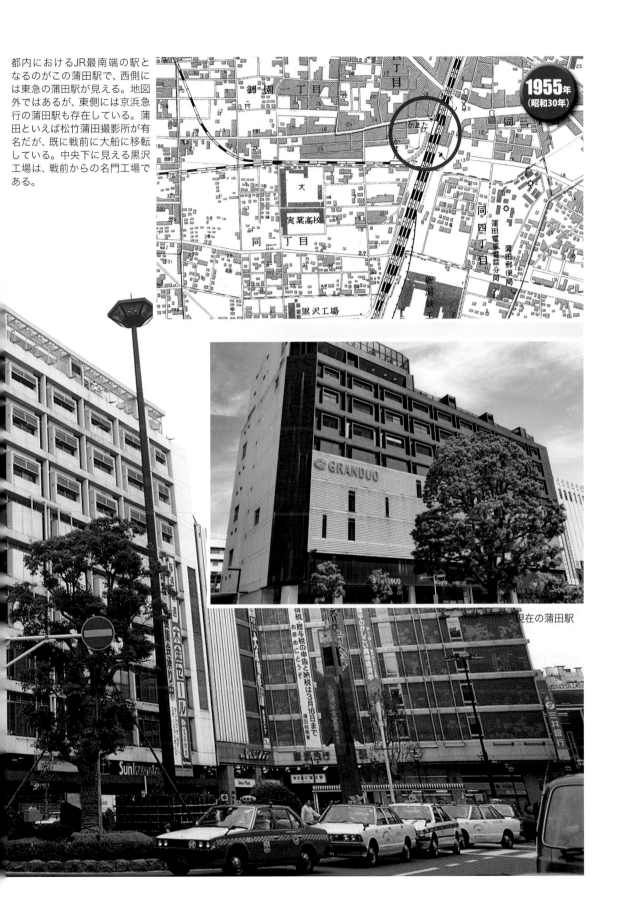

1955年
（昭和30年）

現在の蒲田駅

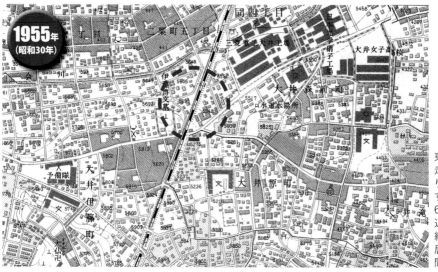

1955年（昭和30年）

東海道本線の支線（品鶴線）が走る西大井駅付近の地図であり、横須賀線の列車などが停車する西大井駅は、1986（昭和61）年4月に開業する。中央付近に見える伊藤博文墓は、初代総理大臣を務めた伊藤博文の居館があった場所で、現在は期間限定で公開されている。

昭和末期になってダイヤが過密気味に
なっていた東海道線の東京口から横須
賀線の列車を別線へ分離する計画が実
施された。西大井は横須賀線の新たな
経路となった貨物支線の通称「品鶴線」
に設置された駅。東海道新幹線の高架
下に構内がある。
◎西大井　1987（昭和62）年2月15日
撮影：松本正敏（RGG）

現在の西大井駅

1957（昭和32）年に中央本線、京浜東北線に誕生した「老幼優先列車」。「青壮年はご遠慮ください」ということで、老人、子ども
を優先するシステムだったが、女性の利用は多かったものの、全体的にあまり評判は良くなかった。この後、101系通勤列車が投
入されることで、中央線では1958（昭和33）年、京浜東北線では1961（昭和36）年にこの「老幼優先列車」は廃止された。

第2章
中央線

◎中央線301系　吉祥寺〜西荻窪　1970（昭和45）年　撮影：荒川好夫（RGG）

上り線から渡り線を通って東京駅の１番ホームへ乗り入れる101系。中央本線の起点は煉瓦造りの丸の内駅舎に隣接した高架上にある。昭和30年代から製造された本形式は近代型通勤電車の祖となった。製造当初はモハ90系と称していたが1959（昭和34）年の称号改正に伴い101系となった。◎中央線　神田〜東京　1979（昭和54）年10月６日　撮影：荒川好夫（RGG）

御茶ノ水～三鷹間で中央快速線は中央・総武緩行線と並行して複々線の形状になる。中野以西では営団地下鉄（現・東京メトロ）東西線からの電車が乗り入れる。快速列車と並走する301系は地下区間乗り入れに対応した国鉄車両。緩行線の電車と同じカナリアイエロー（黄5号）の帯を巻く。◎中央線　吉祥寺～西荻窪　1974（昭和49）年9月　撮影：荒川好夫（RGG）

緑濃い新宿御苑を背景に「特別快速」が走る。昭和50年代に入って103系の屋上には冷房装置が載っていた。中央線は明治通りを越えて、右手に大きな曲線を描くと代々木駅で山手線と並行。貨物線と合わせて8線の形状でターミナル駅の新宿へ向かう。
◎中央線　四ツ谷〜新宿　1979（昭和54）年10月6日　撮影：荒川好夫（RGG）

「特別快速」は通過する高円寺駅の手前を軽やかに走り抜けた。先頭のクハ103は高運転台仕様。運転士の視認性向上、踏切事故対策等を考慮して1974（昭和49）年に製造された車両から改良が加えられた。運転台の下には銀色の帯を配し、従来車両よりも精悍な顔立ちになった。◎中央線　阿佐ヶ谷〜高円寺　1979（昭和54）年頃　撮影：河野　豊

従来の主回路制御方式よりも省エネルギー、省メンテナンス性に優れたチョッパ制御方式を搭載して登場した201系。1979（昭和54）年に5両編成2本の試作車が落成。それらを基に改良を加えた量産車が1981（昭和56）年から中央線の快速列車に充当された。◎中央線　新宿　1980（昭和55）年4月2日　撮影：荒川好夫（RGG）

中央線の快速列車で活躍した201系。車体の塗色は101、103系から引き継いだオレンジバーミリオン（朱色1号）。運転台の窓周りは、試作車両同様に黒く縁取られた。運転台の下には大型のヘッドマーク掛けを装備した。
◎中央線　荻窪〜阿佐ヶ谷　1993（平成5）年4月8日　撮影：松本正敏（RGG）

カナリアイエローの電車は中央・総武緩行線の代名詞。101系は1963（昭和38）年に山手線で使用されていた車両が導入された。
1969（昭和44）年までに全ての列車を101系で統一した。また同年に同形式は製造を終了した。
◎中央線　高円寺～阿佐ヶ谷　1979（昭和54）年頃　撮影：荒川好夫（RGG）

まっすぐに延びる複々線の高架区間を行く103系は千葉行き。中央・総武緩行線のサービス向上とイメージアップに大きく貢献した新性能世代の通勤型電車である。同線のラインカラーのカナリア色は南武線、鶴見線でも採用されている。
◎中央線　荻窪～阿佐ヶ谷　1999（平成11）年1月10日　撮影：荒川好夫（RGG）

301系は制作費用が割高なため、地下鉄直通運転用の増備車は103系を基本とした車両を製造することとなった。新たに開発された103系1200番台車は、1970（昭和45）年、1972（昭和47）年、1978（昭和53）年に7両編成5本が製造された。
◎中央線　荻窪〜阿佐ヶ谷　1994（平成6）年4月29日　撮影：荒川好夫（RGG）

高架区間で顔を合わせる緩行線201系と近郊型の115系。201系は20年に渡って活躍し、冷房化率向上にも寄与した。115系は
211系に置き換えられたが、立川以東には運用されない。
◎中央線　荻窪〜阿佐ケ谷　1987（昭和62）年3月1日　撮影：松本正敏（RGG）

1985（昭和60）年から10年間に亘り、1,461両が製造された205系は製造時期によって形状の異なる部分がある。JR発足後に中央・総武緩行線へ投入された車両は０番台量産車で側扉の窓が後に製造された車両よりも小さい。黒く縁取られた運転台周りの下部にはJRのロゴマークが入った。◎中央線　中野　1999（平成11）年１月10日　撮影：荒川好夫（RGG）

線路別の複々線区間ですれ違う国鉄（現・JR東日本）の301系と営団地下鉄（現・東京メトロ）の5000系。5000系は1964（昭和39）年から1981（昭和56）年までの長きに亘って製造された。1969（昭和44）年以降に製造されたグループは東西線の他、千代田線にも投入された。◎中央線　高円寺〜阿佐ヶ谷　1983（昭和58）年11月19日　撮影：荒川好夫（RGG）

中央快速線の101系と並走する103系1200番台（写真左）。1966（昭和41）年に登場した301系の増備として1970（昭和45）年に投入された。現在はＥ231系800番台が活躍している。
◎中央線　阿佐ヶ谷〜高円寺　1983（昭和58）年11月19日　撮影：荒川好夫（RGG）

1966（昭和41）年から三鷹電車区（現・三鷹車両センター）に配置された115系は高尾以西の普通列車を担当したが、一部の列車
は新宿まで乗り入れた。また新宿を起点終点とする急行「かいじ」「かわぐち」等の運用も受け持っていた。複々線区間を行くス
カ色の電車を積雪が照らし出した。◎中央線　中野〜高円寺　1984（昭和59）年2月18日　撮影：荒川好夫（RGG）

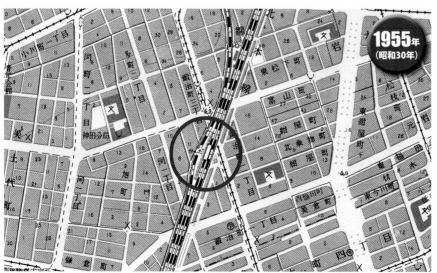

1955年
（昭和30年）

江戸っ子の街として知られる神田の街の玄関口。戦前から東京メトロ銀座線の神田駅と連絡している。駅の西側に見える学校は千代田区立神田小学校で、1993（平成5）年に千桜小学校と合併して千代田小学校となった。このあたりには「紺屋町」「北乗物町」といった古い地名が残っている。

日本橋へ続く中央通りが構内の秋葉原方を潜る神田駅。隣の東京駅が起点となる中央本線は、ここから山手線の内側へ大きく向きを変える。山手線、京浜東北線から中央線の快速電車に乗り換える場合、当駅では高い高架ホームへ上る東京駅よりも構内を移動する距離は短くて済む。
◎神田　1987（昭和62）年2月15日
撮影：松本正敏（RGG）

現在の神田駅

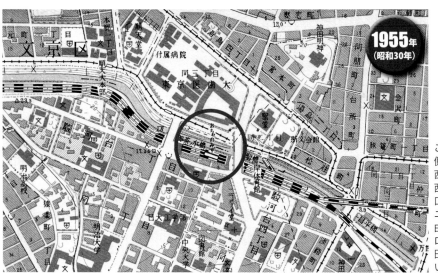

この御茶ノ水駅は、神田川の南
側に置かれている。東側に聖橋、
西側に御茶ノ水橋が架かり、東
西にその名前が付いた駅の改札
口がある。聖橋の名称は南側の
ニコライ堂、北側の神田明神に
由来している。現在は東京メト
ロ丸の内線の御茶ノ水駅、千代
田線の新御茶ノ水駅と連絡して
いる。

東京都区内の中心部を流れる神田川の畔に建つ御茶ノ水駅。御茶ノ水橋口の前を外堀通りと靖国通りを結ぶ広い道が横切る。構内の神田方を跨ぐ聖橋は本郷通り。橋の上から川を渡る営団地下鉄（現・東京メトロ）丸ノ内線や総武緩行線の電車を眺めることができる。
◎御茶ノ水　1987（昭和62）年2月15日
撮影：松本正敏（RGG）

現在の御茶ノ水駅

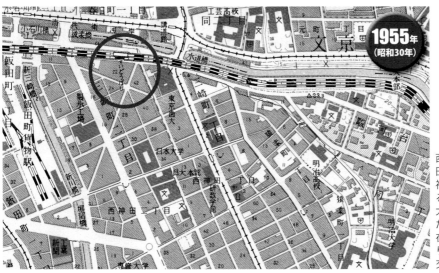

西側に中央線の貨物駅である飯田町駅が存在した頃の地図で、神田川の南側に水道橋駅が見える。この駅の南側には東京歯科大学、日本大学、専修大学といった、古い大学のキャンパスが存在している。都電が通る白山通りを南に行けば、神田神保町の交差点に至る。

後楽園スタヂアム（後楽園球場）や千代田区内の銘庭小石川後楽園の最寄り駅は水道橋。プロ野球球団の読売巨人軍や毎日オリオンズ（現・千葉ロッテマリーンズ）の本拠地であった球場は1987（昭和62）年に閉鎖された。翌年には隣接する競輪場跡地に野球場等の機能を備えた東京ドームが新たに開場した。
◎水道橋　1987（昭和62）年2月15日
撮影：松本正敏（RGG）

現在の水道橋駅

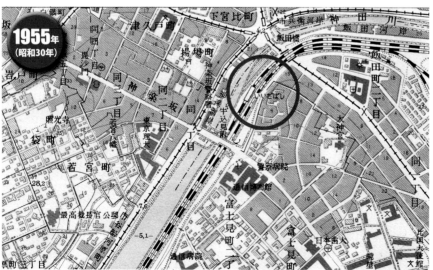

目白通りが走る牛込見附の北西
に置かれている飯田橋駅。現在
は前身の牛込駅があった南東側
にホームが移転している。駅前
から北西に延びるのが花柳界の
街としても有名な神楽坂。現在
は坂上方面に東京メトロ東西線
の神楽坂駅、都営地下鉄大江戸
線の牛込神楽坂駅が置かれて
いる。

方形屋根が個性的だった飯田橋の西口
駅舎。改札口とホームは跨線橋で連絡
する。当駅付近を営団地下鉄（現・東京
メトロ）有楽町線、東西線、南北線が通
り、中央・総武緩行線との乗り換え拠点
になっている。乗換えには東口が至便
だ。2000（平成12）年には都営地下鉄
大江戸線が全区間で開業した。
◎飯田橋　1981（昭和56）年3月26日
撮影：荒川好夫（RGG）

現在の飯田橋駅

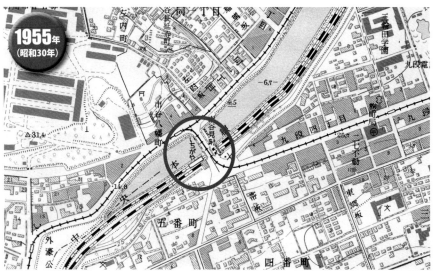

1955年
（昭和30年）

江戸城の外濠に設けられていた市谷見附の跡地に置かれている中央本線の市ヶ谷駅。北側の新宿区内に「市谷」を冠する地名が広がっている。一方、南側は千代田区の「番町」で、現在も番町小学校が存在する。靖国通りを東に行けば、靖国神社のある千代田区九段北・南である。

構内の中程を靖国通りが跨ぐ市ケ谷駅。通りに面した駅舎が唯一の出入り口だ。他に隣接する営団地下鉄（現・東京地下鉄）有楽町線、南北線、都営地下鉄新宿線との連絡通路がある。三社局を介した路線ホーム間の行き来に対応する相互連絡改札口は日本で当駅だけの施設だ。
◎市ケ谷　1987（昭和62）年2月15日
撮影：松本正敏（RGG）

現在の市ケ谷駅

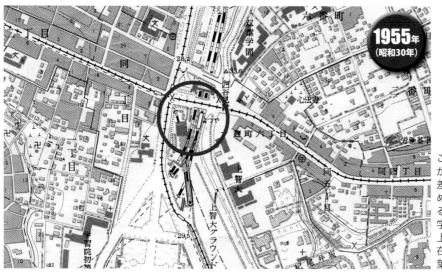

この四ツ谷駅の西側では、都電が走る新宿通りと外堀通りが交差している。新宿通りを西に進めば、新宿御苑、新宿駅前に至る。四ツ谷駅の南側には上智大学のキャンパスがあり、外濠の上には上智大学グラウンドが存在している。一方、北側には双葉学園がある。

駅前ロータリーが設けられた麹町口に
建つ四谷駅の旧駅舎。快速が停車する
都心部の駅としては簡素な印象だ。駅
の北側には雙葉小、中、高等学校の敷地
が広がり閑静な佇まいの小路が延びる。
それに対して南側は国道20号線　新宿
通りが横切り、道路の向うに上智大学が
建つ。
◎四ツ谷　1987（昭和62）年2月6日
撮影：森嶋孝司（RGG）

現在の四ツ谷駅

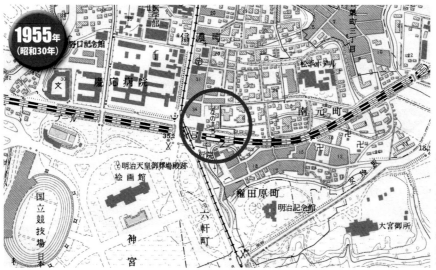

北側に慶応義塾大学病院、南側に明治神宮外苑が広がっている信濃町駅。神宮外苑には、国立競技場、聖徳記念絵画館などが存在している。また、南東には明治記念館があるが、この建物はもともと赤坂仮御所の別殿だった。この時期、北東には松平ホテルが存在した。

靖国通りと青山通りを結ぶ外苑東通り
沿いにある信濃町駅。通りに面して出
入り口があった旧駅ビルは、1993（平成
5）年により大規模なJR信濃町ビルへ建
て替えられた。駅構内の北西方に慶應
義塾大学の施設が建つ。明治神宮球場
へは当駅からの方が千駄ヶ谷駅よりも
近い。
◎信濃町　1981（昭和56）年10月13日
撮影：森嶋孝司（RGG）

現在の信濃町駅

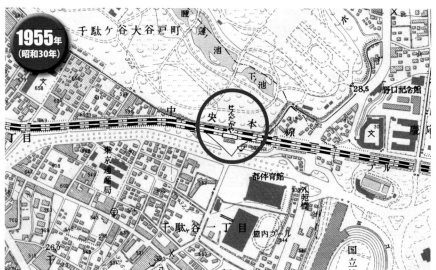

新宿御苑の南側に置かれている中央本線の千駄ヶ谷駅。南側には現・東京体育館などが存在し、外苑西通りの先には東京オリンピックの舞台となる国立競技場がある。駅南西に見える東京通産局の跡地は現在、国立能楽堂に変わっている。北西に見える学校は、渋谷区立鳩森小学校である。

広大な新宿御苑の南側に設置された千駄ケ谷駅。駅舎は首都高速4号線の高架下に建つ。ホーム等を含む駅構内は地平上にある。隣接する新宿御苑に配慮して発車メロディはない。駅の周辺には国立競技場や明治神宮球場（神宮球場）等、大規模な運動施設ある。
◎千駄ケ谷　1981（昭和56）年10月13日
撮影：森嶋孝司（RGG）

現在の千駄ケ谷駅

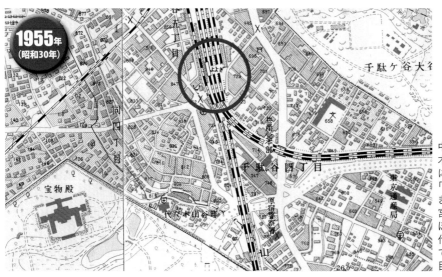

中央線と山手線が合流する代々
木駅周辺の地図である。南東
には日本共産党本部が存在し、
「代々木」の代名詞で呼ばれて
きた。南西に広がるのは明治神
宮である。現在は新宿駅とほ
ぼホームが続く形となっている
代々木駅だが、所在地は新宿区
ではなく、渋谷区の代々木１丁
目である。

代々木駅は2000（平成12）年４月、都営
地下鉄大江戸線の延伸、代々木駅の開業
に合わせて西口駅舎が改築され、北口駅
舎が新設される。これは改築前の西口
駅舎の姿である。代々木駅は当初、甲武
鉄道（現・中央本線）の駅として開業し、
その後に山手線の駅が誕生したため、
駅舎の形はかなり複雑になっていた。
◎撮影：荻原二郎

現在の代々木駅

新宿東口の駅ビル。上層階の壁面にビル内に出店している商業施設名「My City」の看板を掲出していた。民衆駅として建てられた同施設は「新宿ステーションビル」として開業。店内の全面改装を機に、一般公募から選ばれた「マイシティ」と1978（昭和53）年に改称した。
◎新宿　1986（昭和61）年11月27日　撮影：松本正敏（RGG）

現在の新宿駅

新宿東口。細い梁を重ねたような形状の壁面を持つ駅ビルは1964（昭和38）年の竣工。出入り口付近に施設の名称が「新宿ステーションビル」と切り抜き文字で貼られている。駅前はビルに沿った横長のロータリーになっている。大通りと離れたビルの南側は北側に比べて人通りが少ない。◎新宿　1972（昭和47）年　撮影：荒川好夫（RGG）

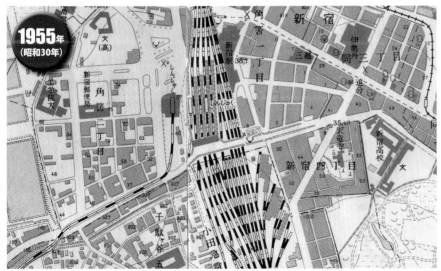

日本一の乗降客数を誇る巨大なターミナル駅となっている新宿駅。西口側の先には、広大な淀橋浄水場の一部が見えている。一方、東口側では新宿3丁目交差点（追分）付近に三越、伊勢丹の2つの百貨店があった。その南側には曹洞宗寺院の天龍寺、都立新宿高校がある。

現在のような西口地下広場が誕生する前の新宿駅西口の地上風景である。東京オリンピックの開催前であり、駅前にもそれほど自動車やバスの数は多くなかった。右側に見える小田急の新宿駅はこの年に第一次大改良工事が完成し、地下ホームの使用が始まっている。一方、山手線・中央線の線路を挟んだ東口側には、巨大な新宿ステーションビル（民衆駅系、現・ルミネエスト新宿）がこの年に誕生していた。◎1964（昭和39）年5月12日　撮影：朝日新聞社

地図の中央やや上に見える中央本線の大久保駅。東側には山手線の新大久保駅が見える。大久保駅の周辺は新宿区百人町で、江戸時代に伊賀組百人鉄砲隊の屋敷があったことに由来する。南西側に見える古い地名（住居表示）の「柏木」は現在、「北新宿」に変わっている。

楽器類を取り扱う店舗が多い新宿区百
人町１丁目にある大久保駅。山手線の
新大久保駅とは通り沿いに300ｍほど
離れている。中央・総武緩行線を走る
各駅停車のみの停車駅。ホームの東側
に特急、快速等が走る中央本線の列車線
が並行する。
◎大久保　1983（昭和58）年４月14日
撮影：荒川好夫（RGG）

現在の大久保駅

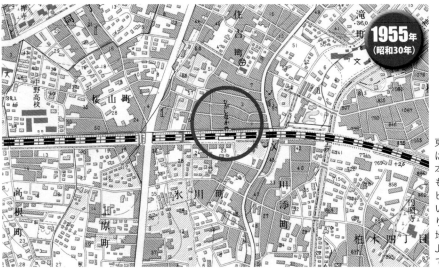

1955年（昭和30年）

東中野で戦前から有名だったのは、駅東口側の結婚式場の「日本閣」。現在は新しい式場とともにタワーマンション、ショッピングモールなどが誕生している。一方、西口側には山手通りが見え、現在はこの下を都営地下鉄大江戸線が走っており、JR・都営地下鉄の連絡駅となっている。

駅舎が橋上化された後の東中野駅東口。
国鉄時代の末期には階段の側には鉄道
施設と思しき建物が残っていた。小さ
なビルが並ぶ駅前周辺は静かな雰囲気。
それに対して山手通りに面した西口に
は駅前広場が設けられ、人通りが終日絶
えない。
◎東中野　1987（昭和62）年2月15日
撮影：松本正敏（RGG）

現在の東中野駅

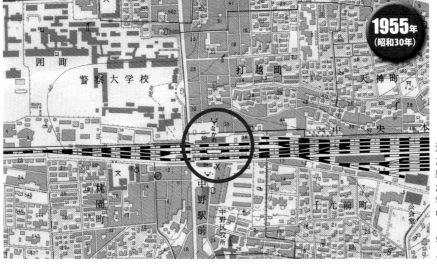

1955年
（昭和30年）

江戸時代、幕府の犬屋敷が存在した中野駅周辺。北側には明治維新後、陸軍の気球隊、電信隊などが置かれていたが、戦後に警察大学校が移設されていた。現在は中野区役所、中野サンプラザがあり、西側は再開発されて、明治大学、帝京平成大学の中野キャンパスが誕生している。

タクシーが輪になって並ぶ中野駅南口のロータリー。アーケードに被われた商店街が続く北口に比べると静かな雰囲気に包まれていた。隣接する中野通りを南へ進むと、200mほどで大久保通りとの交差点。さらに進むと営団地下鉄（現・東京メトロ）丸ノ内線の新中野駅がある青梅街道へ出る。
◎中野　1981（昭和56）年9月30日
撮影：森嶋孝司（RGG）

現在の中野駅

1955年
(昭和30年)

現在は東側を環七通りが南北に走っている高円寺駅。この時期はまだ、この道路が整備されていなかった。高円寺駅は1922（大正11）年7月に開業し、これ以降、駅の周辺は大きく発展した。「高円寺」の駅名は、南東に見える曹洞宗の寺院、高円寺に由来している。

高架線が構内を横切る高円寺駅。列車の運転頻度が高い中央快速線、中央・総武緩行線が通る当駅の周辺では複々線の高架化が1966（昭和41）年に完成した。現在に至るまで若者に人気の街だが、昭和末期の情景では駅前におびただしい数の自転車が留め置かれている。
◎高円寺　1987（昭和62）年2月11日
撮影：森嶋孝司（RGG）

現在の高円寺駅

1955年
（昭和30年）

中央やや上を東西に走る中央本
線に置かれている阿佐ヶ谷駅。
駅の南側には既に中杉通りが
開通しているものの、北側の道
路はまだ開かれていない。この
通りを南に行けば、青梅街道に
至り、この当時は都電杉並線が
走っていた。現在は東京メトロ
丸ノ内線が走っている。

駅前からは高架ホームに停車する中央・
総武緩行線の電車が良く見えた。阿佐ケ
谷駅周辺の商店街では例年8月の第1週
目に七夕まつりが開催され、アーケード
内が人形や飾りで彩られる。その際には
駅構内も笹飾りで装飾される。構内の高
円寺方は中杉通りと隣接する。
◎阿佐ケ谷　1987 (昭和62) 年3月12日
撮影：松本正敏 (RGG)

現在の阿佐ケ谷駅

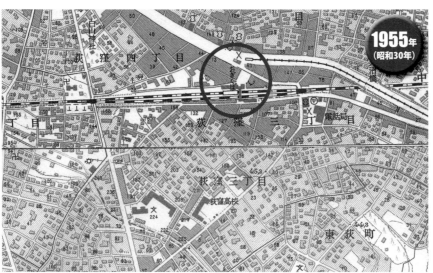

1955年
（昭和30年）

新宿駅前からやってきた都電杉
並線は、天沼陸橋で中央線の線
路を渡って荻窪駅の北口にたど
り着く。この都電路線は1963
（昭和38）年12月に廃止され、前
年に開通していた丸ノ内線にバ
トンタッチする。駅の南側には
都立荻窪高校、杉並区立桃井第
二小学校が存在している。

雨の日の荻窪駅北口の風景である。荻窪駅は地上駅であり、新宿側の東改札は北口と南口を結ぶ地下道に面しており、営団地下鉄（現・東京メトロ）丸ノ内線と連絡している。一方、西荻窪側の西改札は、橋上駅舎に設けられていた。かつての北口には、レトロな店構えの寿司店、ラーメン店が存在したが、現在はモダンな店舗が並ぶ、駅前風景に変わっている。
◎撮影：荻原二郎

現在の荻窪駅

現在の荻窪駅

地下鉄と国鉄（現・JR東日本）ののりばへ続くことを示す看板が掛かる荻窪駅の南口。当駅へは営団地下鉄（現・東京メトロ）丸ノ内線と、中野から東西線の電車が乗り入れる。背後に建つビルは国鉄が運営する商業施設「ルミネ荻窪店」。この写真が撮影された日に開店した。◎荻窪　1981（昭和56）年9月30日　撮影：森嶋孝司（RGG）

中央線で都内最西端の駅となっている西荻窪駅。西荻窪駅の所在地は、杉並区西荻南3丁目である。駅の西側は吉祥寺駅のある武蔵野市で、この地図には私立の吉祥女子高校・中学校が見えている。一方、駅の北東に存在するのは杉並区立桃井第三小学校である。

東京23区内駅で最西端にある西荻窪駅。中央線の高架橋が東西に横切り、小規模な店舗や住宅が密集する街中に建つ。1966（昭和41）年4月6日に荻窪〜三鷹間が高架複々線化され、当駅も列車線と緩行線に上下列車兼用のホーム1面ずつを備える高架駅となった。
◎西荻窪　1987（昭和62）年2月15日
撮影：松本正敏（RGG）

現在の西荻窪駅

1951（昭和26）年、渋谷のビル屋上に出現したロープウェイ「ひばり号」。東横百貨店（後の東急東横店東館）の屋上から、山手線の線路を挟んだ玉電ビル（後の同西館）の屋上まで約75メートルの間を往復していた。子ども専用の12人乗りで、ちびっ子たちの人気を集めた「ひばり号」だったが、玉電ビルの増築のためにわずか2年ほどの運行に終わり、1953（昭和28）年に廃止された。この奥には営団地下鉄（現・東京メトロ）銀座線の車庫が見える。◎1951（昭和26）年6月5日　撮影：朝日新聞社

第3章
山手線

◎山手線101系　新橋　1964(昭和39)年　撮影：小川峯生

通勤型電車近代化の旗手であった103系。量産車が山手線に投入されたのは1964（昭和39）年だった。車体を彩ったウグイス色（黄緑6号）は、同路線を象徴する色合いとして、ステンレス車体の電車が主流となった今日まで広く定着している。
◎山手線　品川～田町　1982（昭和57）年7月1日　撮影：森嶋孝司（RGG）

11両編成で山手線を行く205系。混雑緩和策として試作された6扉車のサハ204形量産車が新製され、1991年末に既存の編成へ
1両ずつ組み込まれた。全53編成中51編成に組み込まれた。制御車の正面には11両編成であることを示すステッカーが貼られた。
◎山手線　東京～有楽町　1993（平成5）年4月11日　撮影：森嶋孝司（RGG）

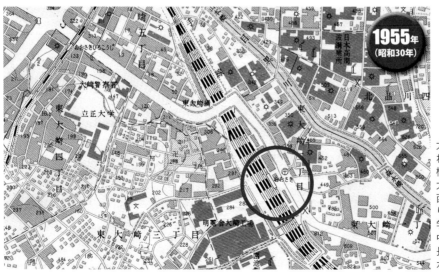

大崎駅の東側には目黒川が流れ、森永橋が架けられているが、橋のそばにはかつて森永製菓の大崎工場があった。一方、駅の西側には明電舎大崎工場があり、少し離れた場所には立正大学のキャンパスが見える。その中間の学校は、明電舎の初代社長にゆかりがある、品川区立芳水小学校である。

東海道方面からの貨物線が乗り入れ、物流の拠点、分配器のような性格を備える大崎駅。山手線の電車は当駅を始発、終点とするものがある。埼京線の運転延長、りんかい線の開業は元号が平成に移ってからのこと。東口は大型商業施設「大崎ニューシティー」と山手通りを跨ぐ歩道橋で連絡している。
◎大崎　1987（昭和62）年2月15日
撮影：松本正敏（RGG）

現在の大崎駅

1955年
（昭和30年）

品川区にある「五反田」という地名は、この五反田駅がある山手線を境界として「東五反田」「西五反田」に分かれている。駅東側には島津邸の見える高級住宅地、島津山があり、現在は清泉女子大学のキャンパスに変わっている。北側には同じく「城南五山」の高級住宅地、池田山が存在する。

国道1号、桜田通りが構内を潜る五反田駅。高架ホームにうぐいす色の103系が入る眺めは東口付近。駅舎出入り口のすぐ側に都営地下鉄浅草線の駅へ続く階段がある。ホームの大崎方には東急電鉄池上線の駅があり、連絡口が設置されている。
◎五反田　1987（昭和62）年2月11日　撮影：松本正敏（RGG）

現在の五反田駅

山手線の他、東急目蒲線（現・目黒線）や営団地下鉄（現・東京メトロ）南北線、都営地下鉄三田線の駅が界隈に集まる目黒駅。所在地は目黒区ではなく品川区の北端部である。1885（明治18）年に駅が開設された際も、当地は目黒村の隣に当たる大崎村に属していた。◎目黒　1983（昭和58）年2月17日　撮影：森嶋孝司（RGG）

目黒通りが走っている目黒駅周辺の地図である。駅の西側の坂道は権之助坂で、この南側の行人坂には天台宗の寺院、大円寺があり、目黒雅叙園の敷地（庭園）が広がっている。一方、権之助坂の北側には私立の日出女子学園が存在し、この先を流れる目黒川を渡れば、大鳥神社交差点に至る。

現在の目黒駅

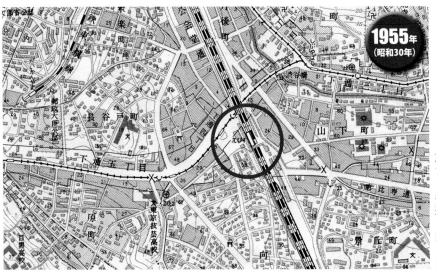

恵比寿駅の北側、駒沢通りを走っ
ていた都電は、この先の中目黒駅
まで続いていた。一方、東側の渋
谷橋から北に向かう都電は、明治
通りを渋谷駅前まで走ることに
なる。この中目黒線と天現寺橋
線は、玉川電気鉄道（玉電）が開
いた路線である。北西には東横
線の代官山駅が見える。

一部が二階建てになったコンクリート
造りの駅舎は1952（昭和27）年の竣工。
近くにあった工場からの出荷される
ビールを始め、当駅が貨物輸送の拠点で
あった頃の施設だ。構内には貨車を留
置するための側線が幾条もあった。未
だ木立の緑が濃い昼下がりの駅前は閑
散としていた。
◎恵比寿　1985（昭和60）年11月10日
撮影：松本正敏（RGG）

現在の恵比寿駅

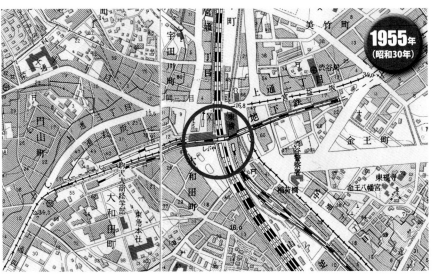

「大和田町」や「金王町」といった渋谷の古い地名が残っていた頃の渋谷駅。この頃は西側に東急玉川線（玉電）の軌道線があった。一方、東側では営団地下鉄（現・東京メトロ）銀座線と東横線が地上を走っている。坂の街・渋谷には、東に宮益坂、西に道玄坂が存在している。

鉄道駅に隣接していた東急百貨店東横
店。店名を「渋谷」ではなく、当地と横
浜とを結ぶ鉄道路線と同じにしたのは、
東急電鉄が双方の宣伝効果を狙ったも
のだったのだろうか。全盛期には3館
で営業した伝統の百貨店は2020（令和
2）年3月末を以って閉館した。
◎渋谷　1981（昭和56）年10月13日
撮影：森嶋孝司（RGG）

現在の渋谷駅

山手線の駅のハチ公口付近に営団地下鉄（現・東京メトロ）半蔵門線へ続く階段がある。渋谷には山手線の他、東急東横線や京王井の頭線等、多くの鉄道が集まる。しかし各路線の連絡には階段をいくつも上り下りしたり、長い距離を歩かねばならない場合が多かった。◎渋谷　1981（昭和56）年10月13日　撮影：森嶋孝司（RGG）

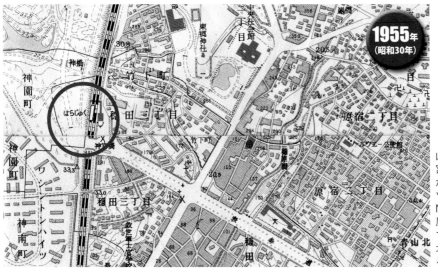

山手線の西側には、北に明治神宮、南にワシントンハイツが広がっている。ワシントンハイツは現在、国立代々木競技場、NHKなどになっている。一方、原宿駅の東側では表参道が延びており、明治通りが走っている。北側には、東郷平八郎元帥を祀る東郷神社が鎮座している。

露出した柱と白壁が合わさって優雅な
西洋建築の佇まいを見せていた原宿駅
舎。建物の中央部に設置された尖搭は
賑やかな休日の通りから駅へ戻る若者
の目印になっていた。1924（大正13）
年の竣工で、設計は鉄道省技師の長谷川
馨が手掛けた。
◎原宿　1981（昭和56）年10月13日
撮影：森嶋孝司（RGG）

現在の原宿駅

【著者プロフィール】

牧野和人（まきの かずと）

1962年、三重県生まれ。写真家。京都工芸繊維大学卒。幼少期より鉄道の撮影に親しむ。
平成13年より生業として写真撮影、執筆業に取り組み、撮影会講師等を務める。企業広
告、カレンダー、時刻表、旅行誌、趣味誌等に作品を多数発表。臨場感溢れる絵づくり
をもっとうに四季の移ろいを求めて全国各地へ出向いている。

【写真撮影】

小川峯生、荻原二郎、長渡 朗

ＲＧＧ（荒川好夫、大道政之、小泉 喬、河野 豊、高木英二、松本正敏、森嶋孝司、宮崎真二、米村博行）

朝日新聞社

【地図解説】

生田 誠

【現在の駅舎撮影】

斎藤智子（フォト・パブリッシング）

懐かしい
国鉄駅舎と鉄道風景
（都区内区間）
【東海道線、中央線、山手線】

2020年11月30日　第1刷発行

著　者……………………牧野和人
発行人……………………高山和彦
発行所……………………株式会社フォト・パブリッシング
　　　　　　　　　　〒161-0032　東京都新宿区中落合2-12-26
　　　　　　　　　　TEL.03-6914-0121 FAX.03-5955-8101
発売元……………………株式会社メディアパル（共同出版者・流通責任者）
　　　　　　　　　　〒162-8710　東京都新宿区東五軒町6-24
　　　　　　　　　　TEL.03-5261-1171 FAX.03-3235-4645
デザイン・DTP ………柏倉栄治（装丁・本文とも）
印刷所……………………新星社西川印刷株式会社

ISBN978-4-8021-3220-6 C0026